Andrzej Moszczyński jest autorem 23 książek, 34 wykładów oraz 3 kursów. Pasjonuje go zdobywanie wiedzy z obszaru psychologii osobowości i psychologii pozytywnej.
Ponad 700 razy wystąpił jako prelegent podczas seminariów, konferencji czy kongresów mających charakter społeczny i charytatywny.

Regularnie się dokształca i korzysta ze szkoleń takich organizacji edukacyjnych jak: Harvard Business Review, Ernst & Young, Gallup Institute, PwC.

Jego zainteresowania obejmują następujące tematy: potencjał człowieka, poczucie własnej wartości, szczęście, kluczowe cechy osobowości, w tym między innymi odwaga, wytrwałość, wnikliwość, entuzjazm, wiara w siebie, realizm. Obszar jego zainteresowań stanowią również umiejętności wspierające bycie zadowolonym człowiekiem, między innymi: uczenie się, wyznaczanie celów, planowanie, asertywność, podejmowanie decyzji, inicjatywa, priorytety. Zajmuje się też czynnikami wpływającymi na dobre relacje między ludźmi (należą do nich np. miłość, motywacja, pozytywna postawa, wewnętrzny spokój, zaufanie, mądrość).

Od ponad 30 lat jest przedsiębiorcą. W latach dziewięćdziesiątych był przez dziesięć lat prezesem spółki działającej w branży reklamowej i obejmującej zasięgiem cały kraj. Od 2005 r. do 2015 r. był prezesem spółki inwestycyjnej, która komercjalizowała biurowce, hotele, osiedla mieszkaniowe, galerie handlowe.

W latach 2009-2018 był akcjonariuszem strategicznym oraz przewodniczącym rady nadzorczej fabryki urządzeń okrętowych Expom SA. W 2014 r. utworzył w USA spółkę wydawniczą. Od 2019 r. skupia się przede wszystkim na jej rozwoju.

Inaczej o dobrym i mądrym życiu to książka o umiejętności stosowania strategii osiągania wartościowych celów. Autor opisuje 22 aspekty, które prowadzą do bycia mądrym. W jakim znaczeniu mądrym?

Mądry człowiek jest skupiony na działaniu ukierunkowanym na podnoszenie jakości życia, zarówno swojego, jak i innych. O tym jest ta książka: o byciu szczęśliwym, o poznaniu siebie, by zajmować się tym, w czym mamy największy potencjał, o rozwinięciu poczucia własnej wartości, które jest podstawowym czynnikiem utrzymywania dobrych relacji z samym sobą i innymi ludźmi, o byciu odważnym, wytrwałym, wnikliwym, entuzjastycznym, posiadającym optymalną wiarę w siebie, a także o byciu realistą.

Mądrość to umiejętność czynienia tego, co szlachetne. Z takiego podejścia rodzą się następujące czyny: nie osądzamy, jesteśmy tolerancyjni, życzliwi, pokorni, skromni, umiejący przebaczać. Mądry człowiek to osoba asertywna, wyznaczająca sobie pozytywne cele, ustalająca priorytety, planująca swoje działania, podejmująca decyzje i przyjmująca za nie odpowiedzialność. Mądrość to też zaufanie do siebie i innych, bycie zmotywowanym i posiadającym jasne wartości nadrzędne (do których najczęściej należą: miłość, szczęście, dobro, prawda, wolność).

Autor książki opisuje proces budowania mentalności bycia mądrym. Wszechobecna indoktrynacja jest przeszkodą na tej drodze. Jeśli jakaś grupa nie uczy tolerancji, przekazuje fałszywy obraz bycia zadowolonym człowiekiem, to czy można mówić o uczeniu się mądrości? Zdaniem autora potrzebujemy mądrości niemal jak powietrza czy czystej wody. W tej książce będziesz wielokrotnie zachęcany do bycia mądrym, co w rezultacie prowadzi też do bycia szczęśliwym i spełnionym.

Szczegóły dostępne na stronie:
www.andrewmoszczynski.com

Andrzej Moszczyński

Inaczej
o byciu wytrwałym

2021

© Andrzej Moszczyński, 2021

Korekta oraz skład i łamanie:
Wydawnictwo Online
www.wydawnictwo-online.pl

Projekt okładki:
Mateusz Rossowiecki

Wydanie I

ISBN 978-83-65873-50-7

Wydawca:

ANDREW MOSZCZYNSKI
INSTITUTE

Andrew Moszczynski Institute LLC
1521 Concord Pike STE 303
Wilmington, DE 19803, USA
www.andrewmoszczynski.com

Licencja na Polskę:
Andrew Moszczynski Group sp. z o.o.
ul. Grunwaldzka 472
80-309 Gdańsk
www.andrewmoszczynskigroup.com

Licencję wyłączną na Polskę ma Andrew Moszczynski Group sp. z o.o. Objęta jest nią cała działalność wydawnicza i szkoleniowa Andrew Moszczynski Institute. Bez pisemnego zezwolenia Andrew Moszczynski Group sp. z o.o. zabrania się kopiowania i rozpowszechniania w jakiejkolwiek formie tekstów, elementów graficznych, materiałów szkoleniowych oraz autorskich pomysłów sygnowanych znakiem firmowym Andrew Moszczynski Group.

Ukochanej Żonie
Marioli

SPIS TREŚCI

Wstęp	9
Rozdział 1. Definicja wytrwałości	11
Rozdział 2. Budowanie wytrwałości a marzenia	13
Rozdział 3. Przyczyny braku wytrwałości	21
Rozdział 4. Czy można nauczyć się wytrwałości?	25
Rozdział 5. Jak działa podświadomość	29
Rozdział 6. Odwaga i cierpliwość a wytrwałość	33
Rozdział 7. Metody pracy nad wytrwałością	37
Rozdział 8. Paliwo niezbędne do zachowania wytrwałości	41

Rozdział 9. Inne metody wypracowania
w sobie wytrwałości   47

Rozdział 10. Słowa-haki   51

Co możesz zapamiętać? ☺   55

Bibliografia   57

O autorze   73

Opinie o książce   79

Dodatek. Cytaty, które pomagały
autorowi napisać tę książkę   83

Wstęp

Wytrwałość – razem z wiarą w siebie, wnikliwością, odwagą, realistycznym podejściem do świata i życiowym entuzjazmem – jest jednym z filarów dojrzałej osobowości. Właśnie te cechy pozwalają nam świadomie kierować własnym życiem i kształtować samego siebie. W oparciu na nich łatwiej nam będzie rozwijać inne, równie pożyteczne i wartościowe przymioty, które będą ich owocami.

Rozważając znaczenie wytrwałości w naszym życiu, odpowiedzmy sobie na następujące pytania:
- Co powoduje, że niektórzy z nas odznaczają się wytrwałością?
- Co może nam przeszkadzać w byciu wytrwałym?
- Jak wypracować w sobie tę szlachetną cechę?

- Dlaczego czasem nawet bardzo utalentowana osoba szybko rezygnuje z własnych planów, zaś człowiek z pozoru przeciętny nie ustaje, wręcz walczy, aby osiągać swoje cele?

Rozdział 1

Definicja wytrwałości

Czym jest wytrwałość? Można ją określić jako konsekwentne dążenie do zamierzonego celu, ale to nie wyczerpuje istoty tej cechy – bycie konsekwentnym oznacza jedynie to, że trwamy w postanowieniu zrealizowania planów. Natomiast prawdziwie wytrwali jesteśmy, gdy mimo przeszkód, niedogodności, zniechęcenia, a także zniechęcania przez innych, nawet bliskich osób, dalej podążamy w wybranym kierunku.

Rozdział 2

Budowanie wytrwałości a marzenia

Dla każdego podążającego w określonym kierunku człowieka istotny jest konkretny cel. A zatem osoby wytrwałe, na przykład sportowcy, doskonale wiedzą, dokąd zmierzają, a świadomość tego jest ich paliwem. Co więcej, osoby wytrwałe wiedzą, dlaczego podążają daną drogą, liczą się z koniecznością wyrzeczeń i włożonego w tę drogę wysiłku. Kim jest człowiek wytrwały? Kimś, kto posiada jasną wizję celu i wierzy, że zasługuje na jego osiągnięcie.

Wszyscy wytrwali ludzie, jakich znam, mają odwagę marzyć, ale przykładają do swych pragnień właściwą miarę. Dlaczego tacy są?

Być może nie pozwolili sobie wmówić, że marzenia niosą jedynie rozczarowania. Może nie chcieli poprzestawać na tym, co im przynosi los, tak jak większość ludzi, tylko zapragnęli wybić się ponad przeciętność?

Ustalmy zatem, dlaczego marzenia są paliwem dla działania, dla wytrwałego znoszenia przeciwności. Marzenie to wyobrażanie sobie siebie jako kogoś, kim chcielibyśmy być, lub jako kogoś, kto już posiada to, co chcielibyśmy mieć. Marzyciel widzi siebie jako osobę, która postępuje w pewien określony sposób. Na całym świecie zawody policjanta, strażaka, sędziego, ratownika czy lekarza są otaczane dużym szacunkiem. Czyż nie jest tak, że w rodzinach, gdzie któreś z rodziców wykonuje ten zawód, dzieci także podświadomie marzą o tej profesji?

Jeśli mają predyspozycje do tego, to już w młodości wyznaczają sobie pewne pośrednie cele, aby jak najszybciej stać się tym kimś z marzeń. Widzenie szczegółowego obrazu siebie, takiego jakim chcielibyśmy być, już od dzieciństwa pozwala zdobyć energię do tego, aby w końcu zostać na przykład ratownikiem, który może ocalić ludzkie życie.

Wierzę, że marzenia są najskuteczniejszym sposobem na wyrobienie w sobie wytrwałości w dążeniu do celu. Przekonałem się o tym wielokrotnie. To, że trzymasz w ręku napisaną przeze mnie książkę, oznacza, że jedno z moich marzeń, które pielęgnowałem od ponad 15 lat, właśnie się spełniło.

W Polsce w wielu środowiskach człowiek ambitny, wytrwale realizujący marzenia, musi być przygotowany na wiele przykrości. W niektórych środowiskach ludzie uważają, że posiadanie marzeń jest co najmniej nierozsądne. Spotkałem nawet takich, którzy gardzą osobami mającymi odważne marzenia, gdyż uważają, że to tylko bujanie w obłokach – jak mówią, życie trzeba „jakoś" przeżyć, twardo stąpając po ziemi. Właśnie pod wpływem takich opinii część z nas rezygnuje z ujawniania własnych marzeń. Oczywiście z czasem marzyciel może zyskać szacunek, ale początki bywają trudne. Tak zwani realiści, którzy twardo stąpają po ziemi, mogą zniechęcać innych, często także własne dzieci, do snucia marzeń.

A zatem odważ się marzyć – bądź w tym ekspertem. Pomyśl o tym, kim chcesz być i dlaczego. Podświadomość sama zrobi swoje, czyli ukierunkuje Twoją koncentrację na sprawy, które mają przybliżyć Cię do realizacji marzeń.

Zachęcam do analizy życia konkretnych ludzi wytrwałych, których marzenia mogą wydać się zaskakujące i wręcz niemożliwe do spełnienia.

„Miał po prostu szczęście..." – taki komentarz na pewno słyszałeś nie raz. Jak zauważyłem, mówi się tak o ludziach, którzy coś osiągnęli dzięki wytrwałości i determinacji. To dowód na to, że są ludzie, którzy nie wierzą w moc swego myślenia i działania. Uważam jednak, że są po prostu ignorantami w tej dziedzinie, bo przecież jest wiele wspaniałych przykładów na to, że marzenia mają ogromną moc.

Ludzie niepełnosprawni wspinają się na wyżyny w dziedzinach, w których nikt przy zdrowych zmysłach nie wróżyłby im najmniejszego sukcesu. Choćby **Jan Mela**, polski polarnik, najmłodszy w historii zdobywca biegunów północnego i południowego. Jednocześnie jest on pierwszym niepełnosprawnym, który dokonał takiego wyczynu. Mela stracił lewe podudzie i prawe przedramię w wyniku porażenia prądem, którego doznał w wieku 13 lat. W dwa lata po wypadku nawiązał kontakt z Markiem Kamińskim, znanym polskim polarnikiem i podróżnikiem, z którym potem odbył wyprawę i zdobył oba bieguny Ziemi. W 2009 roku Mela wspiął się także na Elbrus – najwyższy szczyt Kaukazu, razem z grupą innych niepełnosprawnych. Założył fundację Poza Horyzonty, która wpiera niepełnosprawnych w realizacji ich marzeń. Mela jest współautorem programu podróżniczego *Między biegunami* emitowanego w Radiu Kraków. Warto przytoczyć tu wypowiedź polarnika na temat pokonywania barier, która jest częścią przesłania jego fundacji: „W naszym życiu cały czas mamy przed sobą różne horyzonty – horyzonty wyobraźni, horyzonty możliwości. Jesteśmy otoczeni barierami, choć w rzeczywistości większość z nich znajduje się tylko w naszej głowie. Gdy uznajemy coś za niemożliwe, stawiamy sobie barierę, której nie przejdziemy. My chcemy przenosić siebie i innych poza horyzonty, pokazywać, że nie ma rzeczy niemożliwych"[1].

Natalia Partyka, obecnie jedna z najlepszych tenisistek stołowych w Polsce i Europie, osiągnęła tę pozycję, mimo że urodziła się bez prawego przedramienia. Trenowała wytrwale od 7 roku życia, nie ustawała w dążeniu do osiągnięcia mistrzowskiej formy, chociaż przez niepełnosprawność musiała zapewne starać się o wiele bardziej niż jej zdrowe koleżanki. Dzięki wytrwałości udało się jej zdobyć wiele medali w zawodach na szczeblu krajowym i światowym. Grała zarówno z niepełnosprawnymi, jak i pełnosprawnymi przeciwniczkami. Tak opowiada o swoim dążeniu do sukcesów sportowych: „Tenis stołowy jest moją największą pasją i tak naprawdę nie wyobrażam sobie życia bez celuloidowej piłeczki. Mimo tego, że sport to wiele wyrzeczeń i dni spędzonych poza domem, nigdy nie żałowałam, że zaczęłam trenować, ponieważ wszystkie lata spędzone na treningach i turnie-

---

[1] Cytat pochodzi ze strony fundacji: http://www.pozahoryzonty.org/jas_tekst.html.

jach wiele mnie nauczyły. Gra sprawia mi dużo radości i satysfakcji i mam nadzieję, że w następnych latach mojej kariery ping-pong nadal będzie mnie bawić"[2].

Zbigniew Sajkiewicz w dzieciństwie przeszedł chorobę Heinego-Medina. Mimo tego, dzięki ogromnej wytrwałości i samodyscyplinie, stał się jednym z najlepszych niepełnosprawnych pływaków w Polsce. Jest znany także na świecie: w swoim dorobku ma m.in. dwa medale igrzysk paraolimpijskich, dziesiątki pucharów i dyplomów pływackich mistrzostw Polski i Europy. Jego prawdziwą pasją jest pływanie długodystansowe. Na co dzień pracuje jako technik komputerowy i udaje mu się godzić to zajęcie z karierą sportową. O swojej największej pasji mówi: „Pływanie w jeziorach, w morzach stało się moją pasją. Moim marzeniem jest pokonanie Kanału La Manche, ale nie w jednym, lecz w dwóch kierunkach. To byłby wyczyn".

---

[2] Cytat pochodzi z: http://nataliapartyka.pl/o-mnie.

Kiedy poddajemy się wpływowi marzeń i wyznaczamy cele, wytrwałość pojawia się jako ich owoc. Zatem za przykładem tych osób rozpocznijmy rozmyślać o własnej przyszłości w kategorii celów i odważmy się marzyć.

Rozdział 3

Przyczyny braku wytrwałości

Wytrwałość należy dziś do rzadkich cech. Ludzie wolą się poddać, ewentualnie pójść na skróty, by potem przeżywać rozczarowanie swoim postępowaniem. To przykre. Gdzie leży przyczyna? Najczęściej powodami są negatywne myślenie oraz karmienie się informacjami, które dają krótkotrwałe zadowolenie, a w efekcie przyczyniają się do rozwoju kłopotów zdrowotnych i narastania różnych innych niepożądanych cech i zachowań: uprzedzeń, wrogości, zazdrości, braku wiary w siebie, zwątpienia w życiowe wartości.

Jakie informacje mogą być szkodliwe? Po pierwsze plotki, czyli złośliwe obmawianie, koncentrowanie się na wadach, słabościach innych. Po drugie filmy i seriale, które pokazują negatywne, jałowe, pozbawione jakości życie. Po trzecie gazety i portale, których podstawową treścią jest życie tak zwanych celebrytów i zupełnie niewłaściwy zachwyt nad ich wyjątkowością.

Media próbują karmić nas opiniami, że życie jest trudne, że udaje się jedynie wybrańcom i to tylko dlatego, że mieli szczęście czy znajomości, a nie w wyniku własnej pracy. I jak tu być wytrwałym i pozytywnie nastawionym do życia? Zniechęcenie i zgoda na smutną rzeczywistość są jednak kolejnymi gwoździami do trumny naszej wytrwałości. Wielu myśli: jestem nieskuteczny, bo taki się urodziłem, inni są skuteczni, bo mają dobry przykład rodziców. Taka postawa niezwykle skutecznie zabija w nas chęć zrobienia czegokolwiek dla wyjścia z marazmu. Stąd patologie, postawa roszczeniowa, mechanizm zachowania, który powtarzają kolejne pokolenia dzieci wychowanych w takim środowisku. A wystarczy tak niewiele.

Przecież posiadamy dar myślenia, wyciągania wniosków, możemy stawiać pytania i szukać odpowiedzi. Sposobem na wyrwanie się z przeciętnego życia jest właśnie wytrwałość. Owszem, możemy bronić się przed osądami innych, tłumacząc, że nie jesteśmy w stanie zmienić swojej sytuacji, wmawiać im i sobie, że tak po prostu musi być, wycofać się i trwać w marazmie. Ale to tylko pogorszy sprawę. W ten sposób całkowicie zablokujemy swoją kreatywność i w żaden sposób nie pobudzimy wytrwałości.

Taka postawa całkowicie uniemożliwia myślenie w kategoriach nowych możliwości, jest niestety wszechobecna i właściwie stała się już normą. Nie ma dnia, żebym nie spotykał się z tym zjawiskiem – wielu ludzi wierzy, że na nic nie mają wpływu, a za wszystkie sukcesy i osiągnięcia odpowiedzialne jest szczęście. Spójrzmy, ilu ludzi regularnie gra w Lotto, licząc, że wielka wygrana wreszcie odmieni ich życie. Ludzie myślą schematami wypracowanymi przez większość, co tylko utrwala utarty wzorzec. A wystarczy się temu przeciwstawić i myśleć w kategoriach rozwiązań, nie zaś problemów.

Wytrwałość jest kluczem do wyrwania się z przeciętności i wejścia na drogę prowadzącą do życia pełnego jakości.

Rozdział 4

Czy można nauczyć się wytrwałości?

By konsekwentnie trwać w swoich postanowieniach, nie trzeba wcale urodzić się z taką cechą charakteru. Zapewne ci, którzy takich predyspozycji u siebie nie odnajdują, traktują to jako usprawiedliwienie: nie muszą się starać, bo i tak nie da się nic zmienić. Nic bardziej mylnego. Wytrwałości można się nauczyć, tak jak można nauczyć się obcego języka. Jest to możliwe pod dwoma warunkami: musisz wiedzieć, dlaczego chcesz być wytrwały i zrobić plan edukacji. Tylko tyle. Potem trzeba tylko trzymać się planu i czekać na rezultaty przemiany. To działa, ale najważniejszy jest pierwszy krok, wyrwanie się z szarej rzeczywistości i podjęcie decyzji: będę wytrwały, ponieważ pomoże mi to stać się godnym zaufania człowiekiem i moje życie będzie lepsze.

Słyszałem o człowieku, który postanowił zostać lekarzem. Nie byłoby w tym nic niezwykłego, gdyby nie to, że decyzję tę powziął już po skończeniu czterdziestego roku życia. I co? Zaczął studiować medycynę i z determinacją brnął do przodu. To właśnie marzenia zrodziły hart ducha i wytrwałość.

Czy łatwo być wytrwałym? Z pewnością nie. Tę cechę charakteru, podobnie zresztą jak wszystkie inne wartościowe przymioty osobowości, należy troskliwie wypielęgnować, a czasem nawet wypracować od podstaw.

A teraz chwila relaksu i proste ćwiczenie. Przez kilka minut pomyśl o osobach, które Twoim zdaniem wyróżniają się wytrwałością i bardzo Cię inspirują – o ich sytuacji życiowej, o ich marzeniach, o tym, jaką odwagą musieli się wykazać, by konsekwentnie podążać własną drogą. Taka postawa, nieprzystająca przecież do ogólnie przyjętych norm, rzadko jest akceptowana przez otoczenie, które indywidualistów nie traktuje zbyt dobrze, zazdroszcząc im właśnie wytrwałości. A nawet jeśli są szanowani i chwaleni, bo tak oczywiście też jest, to zwykle w podtekście tych pochwał pobrzmiewają opinie umniejszające ich osobiste zasługi w osiągnięciu celu: „on ma po prostu szczęście", „było mu to pisane", „to zasługa genów" – zwykle w ten sposób ludzie wyjaśniają tajemnicę sukcesu ludzi wytrwałych. Nie ulegaj takim myślom, nie wyciągaj pochopnych wniosków, doceniaj wytrwałość u innych, ich wysiłek w dążeniu do celu. Zachęcam do takiego nastawienia naszego umysłu: skoro on mógł spełnić swoje marzenia, to i ja mogę. Postaraj się wyobrazić sobie siebie jako wytrwałą osobę. Pomyśl o czymś, co chciałbyś osiągnąć; pomyśl, kim chcesz być.

Rozdział 5

Jak działa podświadomość

Kiedy jesteśmy wytrwali i nie ustajemy w działaniu, podświadomość, jeśli jest odpowiednio zaprogramowana, działa na naszą korzyść i przeszukuje wszystkie nasze zasoby, aby uaktywnić siły niezbędne do działania. My nie zdajemy sobie sprawy z tego procesu. Jeśli nie ma w nas potrzebnego paliwa, to nasz dżin szuka sposobów na doładowanie baterii na zewnątrz.

W moim przypadku było tak: gdy miałem 15-16 lat, chodziłem do antykwariatu i kupowałem książki z dziedziny historii i psychologii. Nie potrafię wytłumaczyć, dlaczego to robiłem, ale tak właśnie działa podświadomość. Zaprogramowałem siebie wówczas na bycie człowiekiem szczęśliwym, spełnionym. Stało się to po śmierci mojego taty. Mając 15 lat, postanowiłem robić wszystko, aby każdego dnia doświadczać uczucia radości. I proszę, jak na zawołanie dżin znalazł sposób. Miałem za mało wewnętrznych zasobów, czyli paliwa, i podświadomość zaprowadziła mnie do antykwariatu ze wspaniałymi książkami, gdzie mogłem wzbogacić swoje wnętrze.

Pamiętam również, że fascynowali mnie ludzie wyróżniający się w działaniu. Na przykład moja nauczycielka języka polskiego, która miała wyjątkową osobowość. Biło od niej ciepło i cierpliwość, okazywała niezwykły takt wobec uczniów (moja klasa składała się z samych chłopców, a zatem nie było to łatwe zadanie). Była pełna zrozumienia, zdawała sobie sprawę, jak ważną rolę pełni w naszym życiu, przekazując nam wiedzę. Wiedziała, jak uruchomić nasz potencjał. Byłem zachwycony przedmiotem, którego uczyła. To właśnie ona dała mi siłę do działania; czułem, że we mnie wierzy. Moja podświadomość doskonale wiedziała, czego w danym czasie najbardziej potrzebuję. Była to wiedza z dziedziny psychologii oraz mentorzy pokazujący mi przykłady, zachęcający mnie do wyznaczania celów polepszających jakość mojego życia. Tego właśnie doświadczałem, a pojawiające się podpowiedzi, gdzie szukać właściwych narzędzi, były dla mnie czymś niezwykłym.

Rozdział 6

Odwaga i cierpliwość a wytrwałość

Bliskimi cechami i towarzyszkami wytrwałości są odwaga i cierpliwość. Męstwo było uważane za jedną z najważniejszych cnót w starożytnej Grecji, pisali o nim Platon i Arystoteles. Osoba wytrwała, czyli nierezygnująca z realizacji powziętego planu, może iść w obranym przez siebie kierunku zupełnie sama. Ludzie zazwyczaj nie chcą zapuszczać się w nieznane im rejony, bo to wymaga odwagi. Musieli ją mieć słynni amerykańscy pionierzy poszukujący nowych ziem i złota – nikt przed nimi tego nie robił, nie mieli więc wzorców i sami decydowali się na pójście dalej, w nieznane. Jeśli poruszamy się po znanych ścieżkach, nie musimy być odważni, ale jeśli podążamy drogą, którą nie kroczył dotąd nikt inny, odwaga jest nam potrzebna, ponieważ możemy zostać odrzuceni przez otoczenie. Pamiętajmy zatem, że choć wytrwałość to cecha niezwykła, nie jest jednak powszechna. Okazując ją, możemy spotkać się z brakiem zrozumienia, może nawet będziemy musieli samotnie iść własną drogą i długo szukać ludzi podobnych do nas.

Człowiek wytrwały jest również cierpliwy. Ten przymiot daje umiejętność opanowywania myśli, zdolności wpływania na nie, kontrolowania ich, odpędzania od siebie negatywnych obrazów, które mogłyby nas zniechęcać do podążania obraną drogą. Osoby cierpliwe wiedzą, że po burzy zawsze pojawia się piękna tęcza i dlatego nie rezygnują pod wpływem byle przeszkody, lecz osiągają wymarzone cele.

Wybitnym przykładem wytrwałości jest **Maria Skłodowska-Curie**, polska badaczka w dziedzinie fizyki i chemii, dwukrotnie uhonorowana nagrodą Nobla. Wraz z mężem, fizykiem Piotrem Curie, pracowała w starej opuszczonej szopie, gdzie oboje usiłowali wydzielić rad z rudy uranu. Pracowali bez funduszy, pomocy z zewnątrz, wsparcia czy zachęty ze strony środowiska naukowego. Udało im się po prawie 500 próbach, po 4 latach pracy. Gdy Piotr Curie po jednej z kolejnych porażek chciał się poddać, Maria powiedziała: „Jeśli to zajmie sto lat, to trudno, ale nie przestanę pracować tak długo, jak żyję". Co za niezwykły hart ducha! Skłodowska pracowała ciężko i z poświęceniem, nie brała pod uwagę, że eksperymenty mogą zniszczyć jej zdrowie. Warto być wytrwałym, mimo że czasem trzeba przezwyciężać niebotyczne przeszkody, bo osiągając cel, czujemy tak ogromną satysfakcję, że zapominamy o trudach prowadzącej do niego drogi.

Rozdział 7

Metody pracy nad wytrwałością

Do pracy nad wytrwałością potrzebny jest poligon i ćwiczenia. Grecki rzeczownik tłumaczony jako wytrwałość oznacza także bycie nieugiętym w obliczu trudności. Dlaczego to piszę? Pozostajemy wytrwali wtedy, kiedy nauczyliśmy się takimi być w obliczu trudów życia. Stawiliśmy im czoła i zaczęła się w nas umacniać pewna pozytywna postawa – uwierzyliśmy, że można dalej żyć i poczuliśmy się silniejsi. Na poligonie naszego życia nauczyliśmy się, że połączenie techniki i siły daje pożądany rezultat. To tak jak z kopaniem dołów w ziemi czy pieleniem w ogródku. Na początku pojawiają się pęcherze, nawet bardzo bolesne. Ale jeśli mimo nieprzyjemności pracujemy dalej, na dłoniach wytwarza się nowy naskórek – mocniejszy niż zniszczone warstwy – i skóra staje się twardsza, lepiej przystosowana do ciężkiej pracy.

Wytrwałość rodzi się pod wpływem ucisku, wyzwań i to właśnie te chwile – pojawianie się życiowych przeciwności – mogą przynieść odpowiedź na pytanie, co mam robić dalej ze swoim życiem.

Jeśli chcemy wykształcić w sobie wytrwałość, nie lękajmy się prób, nie nazywajmy ich porażkami, nie odwracajmy się do nich plecami, nie obwiniajmy innych za niedogodności. Pomyślmy pozytywnie, że ta chwila, ten czas to czas ćwiczeń. Życie przecież trwa dalej, a my przez nieudaną próbę nie tracimy go. Co najwyżej ktoś może pomyśleć, że jesteśmy niekompetentni, ale to przecież sytuacja przejściowa, bo dalej pragniemy się uczyć, wyciągamy wnioski i idziemy naprzód. Ci, którzy opanowali sztukę podnoszenia się po nieudanych próbach i idą dalej w wyznaczonym kierunku, osiągają w końcu swoje cele. To ci ludzie są zapamiętywani jako prawdziwie wytrwali.

Ćwiczenie wytrwałości odbywa się przez stawianie czoła próbom, do skutku, aż do zwycięstwa. Wykształcamy wówczas nawyk zwracania uwagi na szczegóły wyzwania, szukamy rozwiązań, czekamy na odpowiedni moment do działania, a więc jesteśmy coraz bardziej cierpliwi. Może uznamy też, że warto podejmować decyzje zupełnie inne, niż spodziewałaby się tego większość – jesteśmy więc odważni.

Właściwe słowa, które pozwolą wypracować w sobie wytrwałość, to: „nie poddam się", „dam radę", „wytrzymam", „jestem w stanie to zrobić", „nie ustąpię" „nie zrezygnuję", „mam prawo to mieć", „jestem wytrwały". Frazy te mają olbrzymią moc sprawczą.

Rozdział 8

Paliwo niezbędne do zachowania wytrwałości

Poniżej szczegółowo opisuję czynniki i mechanizmy sprzyjające zachowaniu wytrwałości.
- Przygotowujmy się do wykonywania zadań. Jeśli wiemy, jak coś zrobić, lub wiemy, jak to zrobili inni, jesteśmy w stanie stawić czoła wyzwaniu i nie poddać się. Zanim zaczniesz coś robić, zastanów się, czy jesteś kompetentny. Nie zaczynaj, jeśli nie masz wiedzy na dany temat. Przeprowadź ze sobą dialog i ustal, co już wiesz w danej sprawie, a czego powinieneś się jeszcze dowiedzieć. Jakże często ludzie zabierają się za zadanie, które szybko ich przerasta. Chwilowy zapał wygasa, przez co podsycają w sobie przekonanie, że nie są wytrwali. To bardzo niebezpieczne.

Pamiętajmy więc o odpowiednim przygotowaniu.
- Nie przyjmujmy postawy ofiary. Nie obarczajmy innych winą za stan naszego życia i za nasze decyzje, bo to uniemożliwia działanie naszej podświadomości, która ma przecież wypracować i podtrzymać w nas wytrwałość. Inaczej uruchomi się inny mechanizm: obwiniania i tym samym ranienia innych. Pojawia się tzw. słomiany zapał. Możemy nawet uważać, że przyjmując bierną postawę, jesteśmy w komfortowej sytuacji, gdyż czujemy się bezpiecznie, ale to tylko złudzenie. To nie inni są odpowiedzialni za nasze życie, tylko my sami. Akceptując taką wiadomość i uznając ją za prawdę, robimy miejsce dla ukształtowania się wytrwałości. Jednak nie jest to łatwe, ponieważ obwinianie innych jest zazwyczaj mocno zakorzenionym nawykiem i można naprawdę głęboko wierzyć, że winę za nasze nieudane życie ponoszą rodzice, żona, mąż, dzieci, rząd czy nawet sąsiedzi. Tylko wtedy, kiedy przyjmiemy do wiadomości, że jeste-

śmy kowalami własnego losu, możemy dokonać skutecznych przemian. Nie rozczulajmy się nad sobą. Życie szybko mija.
- Wyznaczanie celów jest ważnym, jeśli nie podstawowym paliwem dla wytrwałości. Aby cele były osiągalne, muszą spełniać kilka ważnych kryteriów. Jeśli wiemy, dokąd zmierzamy (mamy cel), jeśli wiemy, dlaczego chcemy się tam znaleźć, będziemy mniej skłonni do rezygnacji, nie będziemy ulegać presji czy destrukcyjnym wpływom innych. Zauważyłem, że jeśli codziennie rano i potem przed snem wyobrażam sobie zamierzone cele jako już osiągnięte, to zaczynają działać różne siły umacniające mnie w moich postanowieniach.

Opiszę teraz pewne wydarzenie z mojego życia. Otóż kiedyś musiałem przekazać piętro w budynku biurowym w ramach rozliczenia pomiędzy firmami. Było to spore wyzwanie. Pamiętam, że mecenas, z którym prowadziłem negocjacje, był nie tylko bardzo inteligentny, ale również doświadczony w biznesie; był świetnym negocjatorem. Oczekiwał, że przekażę w całości wartościową nieruchomość na pokrycie długu, jaki jedna z moich spółek miała do spłacenia. Łatwo się domyślić, że nie było to przyjemne uczucie. Byłem tym przejęty, ale również wiedziałem, że muszę postąpić słusznie i dojść do porozumienia. I tu z pomocą przyszła wizualizacja celu ostatecznego. Rano i przed snem wyobrażałem sobie, że mecenas jest zadowolony z rozwiązania, jakie zaproponowałem, że znaleźliśmy kompromis korzystny dla obu stron. Robiłem tak przez około 20 dni. I co się stało? Na spotkaniach podświadomość trzymała na wodzy moją niecierpliwość, zachowywałem się taktownie, okazywałem szacunek, zrozumienie, szczerze szukałem korzyści dla dwóch stron, nie zaś tylko dla siebie. Byłem zaskoczony rezultatami, a podczas negocjacji odczuwałem duży spokój. To wszystko było drogą, sposobem na rozwiązanie konfliktu. Świadomie byłem nastawiony na rozwiązanie, które wcale nie byłoby korzystne dla obu stron, a raczej tylko dla mnie. Wierzę, że podświadomość zrobiła to po swojemu. Jednak wcześniej wyznaczyłem jej zadanie, wyobrażając sobie dobry finał negocjacji, zadowalający wszystkich zainteresowanych.

Można powiedzieć, że najbardziej wytrwałymi ludźmi są wynalazcy. Wystarczy przeczytać biografię **Thomasa A. Edisona**. Człowiek ten podjął kilka tysięcy prób, zanim wynaleziona przez niego żarówka zadziałała. Nie poddał się, ponieważ oczami wyobraźni widział, jak jego wynalazek jest gotowy i w końcu tak się stało. A zatem paliwem pozytywnego myślenia, optymizmu, przekonania o tym, że damy radę, że warto być wytrwałym, jest wyobrażanie sobie własnego celu tak, jakby był już rzeczywistością.

- Wytrwałość to cecha ludzi pokornych. Ludzie pokorni wiedzą, że mogą zrobić błąd na drodze do celu, ale po upadku podnoszą się, idą dalej i nie popełniają po raz drugi tej samej pomyłki. Zastanów się, jaki jesteś pod tym względem? Czy masz zwyczaj myśleć nad tym, co robisz nie tak? Czy umiesz przyznać się do błędu? Ludzie pokorni tak właśnie czynią i dzięki temu stają się bardziej wytrwali.

- Wytrwałość to cecha ludzi zdyscyplinowanych. Osoby zdyscyplinowane znają siebie i wierzą w konsekwentne, systematyczne dążenie do celu, krok po kroku. Znają działanie zasady przyczyny i skutku. Wierzą w sens podejmowania pozytywnej aktywności, myślenia w kategoriach rozwiązań, nie zaś problemów. Jeśli nauczymy się zorganizowanego postępowania, to wprowadzimy w ruch moc motywacji wewnętrznej – ten właśnie czynnik jest odpowiedzialny za wytrwałość.

Rozdział 9

Inne metody wypracowania w sobie wytrwałości

Potęga podświadomości to jedno z najważniejszych narzędzi pozwalających na dokonywanie zmian w samym sobie. Aby wykorzystać jej działanie, należy myśleć o tym, czego chcemy, a unikać myślenia o tym, czego nie chcemy. Kluczem do wytrwałości jest język wyobraźni, który pozwoli uruchomić nawigację i da podświadomości jasny przekaz, że ma nas doprowadzić tam, gdzie postanowiliśmy być. Absolutnie nie wolno pozwolić sobie na myślenie o rzeczach, których nie chcemy, na przykład o biedzie, chorobie, złym współmałżonku czy nieposłusznych dzieciach. Takie obrazy w pewnym sensie są dla podświadomości rozkazem i, podobnie jak w przypadku pozytywnych myśli, podświadomość zacznie szukać sposobu, abyśmy dostali właśnie te złe rzeczy, choć tak naprawdę nie chcemy tego doświadczyć. W rezultacie podświadomość, która nie kieruje się logiką, doprowadzi nas do tego, czego najbardziej się obawiamy.

Zobacz zatem siebie jako tego, kim masz się stać. Myśl o tym tak, jakbyś już stał się tą osobą. Wytrwałość włącza się niczym tempomat w samochodzie, który bez nacisku nogi na pedale gazu sprawia, że samochód nadal porusza się naprzód. Musisz tylko wcześniej wcisnąć odpowiedni przycisk. Tym właściwym guzikiem jest zaprogramowanie samego siebie na urzeczywistnienie marzeń, osiągnięcie celów. Myśl tylko o tym, czego chcesz, czego pragniesz. Jeśli zdarza Ci się myślenie (niekontrolowane, nawykowe) w kategoriach tego, czego nie chcesz, to tak jakbyś najpierw włączał bieg wsteczny, a po nim natychmiast bieg na wprost. Co może się zdarzyć w takim przypadku? Samochód może ulec awarii. Tylko jasne, pozytywne przekazy do podświadomości mogą uruchomić wytrwałość. A zatem stań się wyjątkowy, stając się coraz bardziej wytrwały. Zyskasz szacunek ludzi i, co ważniejsze – będziesz dzięki temu lepszym, godnym zaufania człowiekiem. Wszystko, co rozpoczniesz, zostanie doprowadzone do końca.

Być może przyzwyczajeni jesteśmy do używania w potocznym języku słów, które hamują nasz rozwój osobisty. Słowa te mogą działać niczym wadliwy olej silnikowy, nieprzystosowany do danego samochodu, powodujący zatarcie silnika i całkowite jego zepsucie. Podobnie jest z wytrwałością: powinniśmy używać odpowiedniego „oleju", którym mogą być właściwe słowa, jakie słyszymy lub sami wypowiadamy.

Jakie słowa mogą być takim wadliwym olejem? „Nie dam rady tego zrobić", „nie jestem jeszcze gotowy", „nie potrafię tego zrobić", „to nierealne", „nie stać mnie na to". Czy wiesz, jak podświadomość odbierze te słowa? Potraktuje je jako prawdę. Nie będzie się zajmować ich analizą, intencjami, pobudkami, możliwościami. One są dla niej jak rozkazy.

Niech ta wiedza umocni Cię w przekonaniu, że nie można dopuszczać do siebie negatywnych słów, które zniechęcają i odbierają siły. Zwracajmy uwagę na to, czego słuchamy, co mówimy, o czym rozmyślamy.

Rozdział 10

Słowa-haki

„Kiedy poddasz się swojej wizji, sukces zaczyna cię gonić" – powiedział kiedyś John Cummuta. Podobnie jest w przypadku wytrwałości. Jeśli chcemy być wytrwali, używajmy wyrażeń, które nie pozwolą nam wpaść w pułapkę biernej postawy: „może kiedyś będzie lepiej", „pożyjemy – zobaczymy" itp. Właściwe sformułowania, które pozwolą wypracować w sobie wytrwałość, to: „dam radę", „wytrzymam", „jestem w stanie to zrobić", „jestem cierpliwy", „jestem odważny", „mam prawo to mieć", „jestem wytrwały". Stwierdzenia takie stanowią swego rodzaju napęd, mają olbrzymią moc sprawczą, a używający ich ludzie przekonują sami siebie, że sprostają wyzwaniu, i wzmacniają poczucie własnej wartości.

Po wypowiedzeniu słów-haków zaczyna działać podświadomość, która uwalnia energię czerpaną z nieznanych nam dotąd pokładów. Podświadomość wyszuka i uaktywni w nas cechy nierozłącznie związane z wytrwałością. Oczywiście na dokonanie się wewnętrznej przemiany potrzeba czasu. Słyszałeś pewnie o przypadkach, gdy w ułamku sekundy kobieta znajdowała w sobie nadludzką wręcz siłę i podnosiła auto, pod które wpadło jej dziecko, w ten sposób ratując mu życie. Jak tego dokonała? Co sobie mówiła? „Dam radę", „mam siły", „to jest moje ukochane dziecko, nie mam czasu czekać na pomoc", „jestem silna i wytrwała" – na pewno właśnie to! Siła podświadomości oddaje się do Twojej dyspozycji, podsuwaj jej zatem, czy to na głos, czy w myślach, właściwe polecenia, słowa-haki.

Tym, co wyjątkowo skutecznie przeszkadza w rozwijaniu wytrwałości, jest tak zwany obiektywizm lub błędnie rozumiany realizm (oparty na niepełnej wiedzy lub wiedzy z niepewnego źródła), a także krytykanctwo i osądzanie. Wystrzegajmy się tego jak ognia. Wytrwałość musi mieć właściwe fundament, na którym zbuduje się wspaniałe życie. Niech fundamentem tym będzie wiedza o możliwościach człowieka, o jego rozwoju osobistym, o celach i o zorganizowanym działaniu. Czytaj zatem biografie znanych ludzi. Zrób już dzisiaj listę takich osób i zaplanuj wizytę w księgarni bądź w antykwariacie. Pamiętaj, że zasługujesz na życie pełne jakości.

Co możesz zapamiętać? ☺

1. Wytrwałość to konsekwentne dążenie do celu.
2. Marzenia są niezbędne do tego, by być wytrwałym.
3. Wystrzegaj się zjawisk i sytuacji sprzyjających załamywaniu się wytrwałości.
4. Wytrwałości można się nauczyć.
5. Pamiętaj o roli podświadomości w kształtowaniu wytrwałości.
6. Odwaga i cierpliwość są bliskimi towarzyszkami wytrwałości.
7. Stosuj metody wzbudzania i utrzymywania w sobie wytrwałości.

Bibliografia

Albright M., Carr C., *Największe błędy menedżerów*, Warszawa 1997.

Allen B.D., Allen W.D., *Formuła 2+2. Skuteczny coaching*, Warszawa 2006.

Anderson Ch., *Za darmo: przyszłość najbardziej radykalnej z cen*, Kraków 2011.

Anthony R., *Pełna wiara w siebie*, Warszawa 2005.

Ariely D., *Zalety irracjonalności. Korzyści z postępowania wbrew logice w domu i pracy*, Wrocław 2010.

Bates W.H., *Naturalne leczenie wzroku bez okularów*, Katowice 2011.

Bettger F., *Jak umiejętnie sprzedawać i zwielokrotnić dochody*, Warszawa 1995.

Blanchard K., Johnson S., *Jednominutowy menedżer*, Konstancin-Jeziorna 1995.

Blanchard K., O'Connor M., *Zarządzanie poprzez wartości*, Warszawa 1998.

Bogacka A.W., *Zdrowie na talerzu*, Białystok 2008.

Bollier D., *Mierzyć wyżej. Historie 25 firm, które osiąg-

nęły sukces, łącząc skuteczne zarządzanie z realizacją misji społecznych, Warszawa 1999.

Bond W.J., *199 sytuacji, w których tracimy czas, i jak ich uniknąć*, Gdańsk 1995.

Bono E. de, *Dziecko w szkole kreatywnego myślenia*, Gliwice 2010.

Bono E. de, *Sześć kapeluszy myślowych*, Gliwice 2007.

Bono E. de, *Sześć ram myślowych*, Gliwice 2009.

Bono E. de, *Wodna logika. Wypłyń na szerokie wody kreatywności*, Gliwice 2011.

Bossidy L., Charan R., *Realizacja. Zasady wprowadzania planów w życie*, Warszawa 2003.

Branden N., *Sześć filarów poczucia własnej wartości*, Łódź 2010.

Branson R., *Zaryzykuj – zrób to! Lekcje życia*, Warszawa-Wesoła 2012.

Brothers J., Eagan E, *Pamięć doskonała w 10 dni*, Warszawa 2000.

Buckingham M., *To jedno, co powinieneś wiedzieć... o świetnym zarządzaniu, wybitnym przywództwie i trwałym sukcesie osobistym*, Warszawa 2006.

Buckingham M., *Wykorzystaj swoje silne strony. Użyj dźwigni swojego talentu*, Waszawa 2010

Buckingham M., Clifton D.O., *Teraz odkryj swoje silne strony*, Warszawa 2003.

Butler E., Pirie M., *Jak podwyższyć swój iloraz inteligencji?*, Gdańsk 1995.

Buzan T., *Mapy myśli*, Łódź 2008.

Buzan T., *Pamięć na zawołanie*, Łódź 1999.

Buzan T., *Podręcznik szybkiego czytania*, Łódź 2003.

Buzan T., *Potęga umysłu. Jak zyskać sprawność fizyczną i umysłową: związek umysłu i ciała*, Warszawa 2003.

Buzan T., Dottino T., Israel R., *Zwykli ludzie – liderzy. Jak maksymalnie wykorzystać kreatywność pracowników*, Warszawa 2008.

Carnegie D., *I ty możesz być liderem*, Warszawa 1995.

Carnegie D., *Jak przestać się martwić i zacząć żyć*, Warszawa 2011.

Carnegie D., *Jak zdobyć przyjaciół i zjednać sobie ludzi*, Warszawa 2011.

Carnegie D., *Po szczeblach słowa. Jak stać się doskonałym mówcą i rozmówcą*, Warszawa 2009.

Carnegie D., Crom M., Crom J.O., *Szkoła biznesu. O pozyskiwaniu klientów na zawsze*, Waszrszawa 2003

Cialdini R., *Wywieranie wpływu na ludzi*, Gdańsk 1998.

Clegg B., *Przyspieszony kurs rozwoju osobistego*, Warszawa 2002.

Cofer C.N., Appley M.H., *Motywacja: teoria i badania*, Warszawa 1972.

Cohen H., *Wszystko możesz wynegocjować. Jak osiągnąć to, co chcesz*, Warszawa 1997. r Covey S.R., 3. rozwiązanie, Poznań 2012.

Covey S.R., *7 nawyków skutecznego działania*, Poznań 2007.

Covey S.R., *8. nawyk*, Poznań 2006.

Covey S.R., Merrill A.R., Merrill R.R., *Najpierw rzeczy najważniejsze*, Warszawa 2007.

Craig M., *50 najlepszych (i najgorszych) interesów w historii biznesu*, Warszawa 2002.

Csikszentmihalyi M., *Przepływ: psychologia optymalnego doświadczenia*, Wrocław 2005

Davis R.C., Lindsmith B., *Ludzie renesansu: umysły, które ukształtowały erę nowożytną*, Poznań 2012

Davis R.D., Braun E.M., *Dar dysleksji. Dlaczego niektórzy zdolni ludzie nie umieją czytać i jak mogą się nauczyć*, Poznań 2001.

Dearlove D., *Biznes w stylu Richarda Bransona. 10 tajemnic twórcy megamarki*, Gdańsk 2009.

DeVos D., *Podstawy wolności. Wartości decydujące o sukcesie jednostek i społeczeństw*, Konstancin-Jeziorna 1998.

DeVos R.M., Conn Ch.P., *Uwierz! Credo człowieka czynu, współzałożyciela Amway Corporation, hołdującego zasadom, które uczyniły Amerykę wielką*, Warszawa 1994.

Dixit A.K., Nalebuff B.J., *Myślenie strategiczne. Jak zapewnić sobie przewagę w biznesie, polityce i życiu prywatnym*, Gliwice 2009.

Dixit A.K., Nalebuff B.J., *Sztuka strategii. Teoria gier w biznesie i życiu prywatnym*, Warszawa 2009.

Dobson J., *Jak budować poczucie wartości w swoim dziecku*, Lublin 1993.

Doskonalenie strategii (seria *Harvard Bussines Review*), praca zbiorowa, Gliwice 2006.

Dryden G., Vos J., *Rewolucja w uczeniu*, Poznań 2000.

Dyer W.W., *Kieruj swoim życiem*, Warszawa 2012.

Dyer W.W., *Pokochaj siebie*, Warszawa 2008.

Edelman R.C., Hiltabiddle T.R., Manz Ch.C., *Syndrom miłego człowieka*, Gliwice 2010.

Eichelberger W., Forthomme P., Nail F., *Quest. Twoja droga do sukcesu. Nie ma prostych recept na sukces, ale są recepty skuteczne*, Warszawa 2008.

Enkelmann N.B., *Biznes i motywacja*, Łódź 1997.

Eysenck H. i M., *Podpatrywanie umysłu. Dlaczego ludzie zachowują się tak, jak się zachowują?*, Gdańsk 1996.

Ferriss T., *4-godzinny tydzień pracy. Nie bądź płatnym niewolnikiem od 7.00 do 17.00*, Warszawa 2009.

Flexner J.T., Waschington. *Człowiek niezastąpiony*, Warszawa 1990.

Forward S., Frazier D., *Szantaż emocjonalny: jak obronić się przed manipulacją i wykorzystaniem*, Gdańsk 2011.

Frankl V.E., *Człowiek w poszukiwaniu sensu*, Warszawa 2009.

Fraser J.F., *Jak Ameryka pracuje*, Przemyśl 1910.

Freud Z., *Wstęp do psychoanalizy*, Warszawa 1994.

Fromm E., *Mieć czy być*, Poznań 2009.

Fromm E., *Niech się stanie człowiek. Z psychologii etyki*, Warszawa 2005.

Fromm E., *O sztuce miłości*, Poznań 2002.

Fromm E., *O sztuce słuchania. Terapeutyczne aspekty psychoanalizy*, Warszawa 2002.

Fromm E., *Serce człowieka. Jego niezwykła zdolność do dobra i zła*, Warszawa 2000.

Fromm E., *Ucieczka od wolności*, Warszawa 2001.

Fromm E., *Zerwać okowy iluzji*, Poznań 2000.

Galloway D., *Sztuka samodyscypliny*, Warszawa 1997.

Gardner H., *Inteligencje wielorakie – teoria w praktyce*, Poznań 2002.

Gawande A., *Potęga checklisty: jak opanować chaos i zyskać swobodę w działaniu*, Kraków 2012.

Gelb M.J., *Leonardo da Vinci odkodowany*, Poznań 2005.

Gelb M.J., Miller Caldicott S., *Myśleć jak Edison*, Poznań 2010.

Gelb M.J., *Myśleć jak geniusz*, Poznań 2004.

Gelb M.J., *Myśleć jak Leonardo da Vinci*, Poznań 2001.

Giblin L., *Umiejętność postępowania z innymi…*, Kraków 1993.

Girard J., Casemore R., *Pokonać drogę na szczyt*, Warszawa 1996.

Glass L., *Toksyczni ludzie*, Poznań 1998.

Godlewska M., *Jak pokonałam raka*, Białystok 2011.

Godwin M., *Kim jestem? 101 dróg do odkrycia siebie*, Warszawa 2001.

Goleman D., *Inteligencja emocjonalna*, Poznań 2002.

Gordon T., *Wychowywanie bez porażek szefów, liderów, przywódców*, Warszawa 1996.

Gorman T., *Droga do skutecznych działań. Motywacja*, Gliwice 2009.

Gorman T., *Droga do wzrostu zysków. Innowacja*, Gliwice 2009.

Greenberg H., Sweeney P., *Jak odnieść sukces i rozwinąć swój potencjał*, Warszawa 2007.

Habeler P., Steinbach K., *Celem jest szczyt*, Warszawa 2011.

Hamel G., Prahalad C.K., *Przewaga konkurencyjna jutra*, Warszawa 1999.

Hamlin S., *Jak mówić, żeby nas słuchali*, Poznań 2008.

Hill N., *Klucze do sukcesu*, Warszawa 1998.

Hill N., *Magiczna drabina do sukcesu*, Warszawa 2007.

Hill N., *Myśl!... i bogać się. Podręcznik człowieka interesu*, Warszawa 2012.

Hill N., *Początek wielkiej kariery*, Gliwice 2009.

Ingram D.B., Parks J.A., *Etyka dla żółtodziobów, czyli wszystko, co powinieneś wiedzieć o...*, Poznań 2003.

Jagiełło J., Zuziak W. [red.], *Człowiek wobec wartości*, Kraków 2006.

James W., *Pragmatyzm*, Warszawa 2009.

Jamruszkiewicz J., *Kurs szybkiego czytania*, Chorzów 2002.

Johnson S., *Tak czy nie. Jak podejmować dobre decyzje*, Konstancin-Jeziorna 1995.

Jones Ch., *Życie jest fascynujące*, Konstancin-Jeziorna 1993.

Kanter R.M., *Wiara w siebie. Jak zaczynają się i kończą dobre i złe passy*, Warszawa 2006.

Keller H., *Historia mojego życia*, Warszawa 1978.

Kirschner J., *Zwycięstwo bez walki. Strategie przeciw agresji*, Gliwice 2008.

Koch R., *Zasada 80/20. Lepsze efekty mniejszym nakładem sił i środków*, Konstancin--Jeziorna 1998.

Kopmeyer M.R., *Praktyczne metody osiągania sukcesu*, Warszawa 1994.

Ksenofont, *Cyrus Wielki. Sztuka zwyciężania*, Warszawa 2008.

Kuba A., Hausman J., *Dzieje samochodu*, Warszawa 1973.

Kumaniecki K., *Historia kultury starożytnej Grecji i Rzymu*, Warszawa 1964.

Lamont G., *Jak podnieść pewność siebie*, Łódź 2008.

Leigh A., Maynard M., *Lider doskonały*, Poznań 1999.

Littauer F., *Osobowość plus*, Warszawa 2007.

Loreau D., *Sztuka prostoty*, Warszawa 2009.

Lott L., Intner R., Mendenhall B., *Autoterapia dla każdego. Spróbuj w osiem tygodni zmienić swoje życie*, Warszawa 2006.

Maige Ch., Muller J.-L., *Walka z czasem. Atut strategiczny przedsiębiorstwa*, Warszawa 1995.

Mansfield P., *Jak być asertywnym*, Poznań 1994.

Martin R., *Niepokorny umysł. Poznaj klucz do myślenia zintegrowanego*, Gliwice 2009.

Maslow A., *Motywacja i osobowość*, Warszawa 2009.

Matusewicz Cz., *Wprowadzenie do psychologii*, Warszawa 2011.

Maxwell J.C., *21 cech skutecznego lidera*, Warszawa 2012.

Maxwell J.C., *Tworzyć liderów, czyli jak wprowadzać innych na drogę sukcesu*, Konstancin-Jeziorna 1997.

Maxwell J.C., *Wszyscy się komunikują, niewielu potrafi się porozumieć*, Warszawa 2011.

McCormack M.H., *O zarządzaniu*, Warszawa 1998.

McElroy K., *Jak inwestować w nieruchomości. Znajdź ukryte zyski, których większość inwestorów nie dostrzega*, Osielsko 2008.

McGee P., *Pewność siebie. Jak mała zmiana może zrobić wielką różnicę*, Gliwice 2011.

McGrath H., Edwards H., *Trudne osobowości. Jak radzić sobie ze szkodliwymi zachowaniami innych oraz własnymi*, Poznań 2010.

Mellody P., Miller A.W., Miller J.K., *Toksyczna miłość i jak się z niej wyzwolić*, Warszawa 2013.

Melody B., *Koniec współuzależnienia*, Poznań 2002.

Miller M., *Style myślenia*, Poznań 2000.

Mingotaud F., *Sprawny kierownik. Techniki osiągania sukcesów*, Warszawa 1994.

MJ DeMarco, *Fastlane milionera*, Katowice 2012.

Morgenstern J., *Jak być doskonale zorganizowanym*, Warszawa 2000.

Nay W.R., *Związek bez gniewu. Jak przerwać błędne koło kłótni, dąsów i cichych dni*, Warszawa 2011.

Nierenberg G.I., *Ekspert. Czy nim jesteś?*, Warszawa 2001.

Ogger G., *Geniusze i spekulanci, Jak rodził się kapitalizm*, Warszawa 1993.

Osho, *Księga zrozumienia. Własna droga do wolności*, Warszawa 2009.

Parkinson C.N., *Prawo pani Parkinson*, Warszawa 1970.

Peale N.V., *Entuzjazm zmienia wszystko. Jak stać się zwycięzcą*, Warszawa 1996.

Peale N.V., *Możesz, jeśli myślisz, że możesz*, Warszawa 2005.

Peale N.V., *Rozbudź w sobie twórczy potencjał*, Warszawa 1997.

Peale N.V., *Uwierz i zwyciężaj. Jak zaufać swoim myślom i poczuć pewność siebie*, Warszawa 1999.

Pietrasiński Z., *Psychologia sprawnego myślenia*, Warszawa 1959.

Pilikowski J., *Podróż w świat etyki*, Kraków 2010.

Pink D.H., *Drive*, Warszawa 2011.

Pirożyński M., *Kształcenie charakteru*, Poznań 1999.

Pismo Święte Starego i Nowego Testamentu. Biblia Tysiąclecia, Warszawa 2002.

Pismo Święte w Przekładzie Nowego Świata, 1997.

Popielski K., *Psychologia egzystencji. Wartości w życiu*, Lublin 2009.

Poznaj swoją osobowość, Bielsko-Biała 1996.

Przemieniecki J., *Psychologia jednostki. Odkoduj szyfr do swego umysłu*, Warszawa 2008.

Pszczołowski T., *Umiejętność przekonywania i dyskusji*, Gdańsk 1998.

Reiman T., *Potęga perswazyjnej komunikacji*, Gliwice 2011.

Robbins A., *Nasza moc bez granic. Skuteczna metoda osiągania życiowych sukcesów za pomocą NLP*, Konstancin-Jeziorna 2009.

Robbins A., *Obudź w sobie olbrzyma... i miej wpływ na całe swoje życie – od zaraz*, Poznań 2002.

Robbins A., *Olbrzymie kroki*, Warszawa 2001.

Robert M., *Nowe myślenie strategiczne: czyste i proste*, Warszawa 2006.

Robinson J.W., *Imperium wolności. Historia Amway Corporation*, Warszawa 1997.

Rose C., Nicholl M.J., *Ucz się szybciej, na miarę XXI wieku*, Warszawa 2003.

Rose N., *Winston Churchill. Życie pod prąd*, Warszawa 1996.

Rychter W., *Dzieje samochodu*, Warszawa 1962.

Ryżak Z., *Zarządzanie energią kluczem do sukcesu*, Warszawa 2008.

Savater F., *Etyka dla syna*, Warszawa 1996.

Schäfer B., *Droga do finansowej wolności. Pierwszy milion w ciągu siedmiu lat*, Warszawa 2011.

Schäfer B., *Zasady zwycięzców*, Warszawa 2007.

Scherman J.R., *Jak skończyć z odwlekaniem i działać skutecznie*, Warszawa 1995.

Schuller R.H., *Ciężkie czasy przemijają, bądź silny i przetrwaj je*, Warszawa 1996.

Schwalbe B., Schwalbe H., Zander E., *Rozwijanie osobowości. Jak zostać sprzedawcą doskonałym*, tom 2, Warszawa 1994.

Schwartz D.J., *Magia myślenia kategoriami sukcesu*, Konstancin-Jeziorna 1994.

Schwartz D.J., *Magia myślenia na wielką skalę. Jak zaprząc duszę i umysł do wielkich osiągnięć*, Warszawa 2008.

Scott S.K., *Notatnik milionera. Jak zwykli ludzie mogą osiągać niezwykłe sukcesy*, Warszawa 1997.

Sedlak K. [red.], *Jak poszukiwać i zjednywać najlepszych pracowników*, Kraków 1995.

Seiwert L.J., *Jak organizować czas*, Warszawa 1998.

Seligman M.E.P., *Co możesz zmienić, a czego nie możesz*, Poznań 1995.

Seligman M.E.P., *Pełnia życia*, Poznań 2011.

Seneka, *Myśli*, Kraków 1989.

Sewell C., Brown P.B., *Klient na całe życie, czyli jak przypadkowego klienta zmienić w wiernego entuzjastę naszych usług*, Warszawa 1992.

Słownik pisarzy antycznych, Warszawa 1982.

Smith A., *Umysł*, Warszawa 1989.

Spector R., *Amazon.com. Historia przedsiębiorstwa, które stworzyło nowy model biznesu*, Warszawa 2000.

Spence G., *Jak skutecznie przekonywać... wszędzie i każdego dnia*, Poznań 2001.

Sprenger R.K., *Zaufanie # 1*, Warszawa 2011.

Staff L., *Michał Anioł*, Warszawa 1990.

Stone D.C., *Podążaj za swymi marzeniami*, Konstancin-Jeziorna 1998.

Swiet J., *Kolumb*, Warszawa 1979.

Szurawski M., *Pamięć. Trening interaktywny*, Łódź 2004.

Szyszkowska M., *W poszukiwaniu sensu życia*, Warszawa 1997.

Tatarkiewicz W., *O szczęściu*, Warszawa 1979.

Tavris C., Aronson E., *Błądzą wszyscy (ale nie ja)*, Sopot--Warszawa 2008.

Tracy B., *Milionerzy z wyboru. 21 tajemnic sukcesu*, Warszawa 2002.

Tracy B., *Plan lotu. Prawdziwy sekret sukcesu*, Warszawa 2008.

Tracy B., Scheelen F.M., *Osobowość lidera*, Warszawa 2001.

Tracy B., *Sztuka zatrudniania najlepszych. 21 praktycznych i sprawdzonych technik do wykorzystania od zaraz*, Warszawa 2006.

Tracy B., *Turbostrategia. 21 skutecznych sposobów na przekształcenie firmy i szybkie zwiększenie zysków*, Warszawa 2004.

Tracy B., *Zarabiaj więcej i awansuj szybciej. 21 sposobów na przyspieszenie kariery*, Warszawa 2007.

Tracy B., *Zarządzanie czasem*, Warszawa 2008.

Tracy B., *Zjedz tę żabę. 21 metod podnoszenia wydajności w pracy i zwalczania skłonności do zwlekania*, Warszawa 2005.

Twentier J.D., *Sztuka chwalenia ludzi*, Warszawa 1998.

Urban H., *Moc pozytywnych słów*, Warszawa 2012.

Ury W., *Odchodząc od nie. Negocjowanie od konfrontacji do kooperacji*, Warszawa 2000.

Vitale J., Klucz do sekretu. *Przyciągnij do siebie wszystko, czego pragniesz*, Gliwice 2009.

Waitley D., *Być najlepszym*, Warszawa 1998.

Waitley D., *Imperium umysłu*, Konstancin-Jeziorna 1997.

Waitley D., *Podwójne zwycięstwo*, Warszawa 1996.

Waitley D., *Sukces zależy od właściwego momentu*, Warszawa 1997.

Waitley D., Tucker R.B., *Gra o sukces. Jak zwyciężać w twórczej rywalizacji*, Warszawa 1996.

Walton S., Huey J., *Sam Walton. Made in America*, Warszawa 1994.

Waterhouse J., Minors D., Waterhouse M., *Twój zegar biologiczny. Jak żyć z nim w zgodzie*, Warszawa 1993.

Wegscheider-Cruse S., *Poczucie własnej wartości. Jak pokochać siebie*, Gdańsk 2007.

Wilson P., *Idealna równowaga. Jak znaleźć czas i sposób na pełnię życia*, Warszawa 2010.

Ziglar Z., *Do zobaczenia na szczycie*, Warszawa 1995.

Ziglar Z., *Droga na szczyt*, Konstancin-Jeziorna 1995.

Ziglar Z., *Ponad szczytem*, Warszawa 1995.

O autorze

Andrzej Moszczyński od 30 lat aktywnie zajmuje się działalnością biznesową. Jego główną kompetencją jest tworzenie skutecznych strategii dla konkretnych obszarów biznesu.

W latach 90. zdobywał doświadczenie w branży reklamowej – był prezesem i założycielem dwóch spółek z o.o. Zatrudniał w nich ponad 40 osób. Spółki te były liderami w swoich branżach, głównie w reklamie zewnętrznej – tranzytowej (reklamy na tramwajach, autobusach i samochodach). W 2001 r. przejęciem pakietów kontrolnych w tych spółkach zainteresowały się dwie firmy: amerykańska spółka giełdowa działająca w ponad 30 krajach, skupiająca się na reklamie radiowej i reklamie zewnętrznej oraz największy w Europie fundusz inwestycyjny. W 2003 r. Andrzej sprzedał udziały w tych spółkach inwestorom strategicznym.

W latach 2005-2015 był prezesem i założycielem spółki, która zajmowała się kompleksową komercjalizacją liderów rynku deweloperskiego (firma w sumie sprzedała ponad 1000 mieszkań oraz 350 apartamentów hotelowych w systemie condo).

W latach 2009-2018 był akcjonariuszem strategicznym oraz przewodniczącym rady nadzorczej fabryki urządzeń okrętowych Expom SA. Spółka ta zasięgiem działania obejmuje cały świat, dostarczając urządzenia (w tym dźwigi i żurawie) dla branży morskiej. W 2018 r. sprzedał pakiet swoich akcji inwestorowi branżowemu.

W 2014 r. utworzył w USA spółkę LLC, która działa w branży wydawniczej. W ciągu 14 lat (poczynając od 2005 r.) napisał w sumie 22 kieszonkowe poradniki z dziedziny rozwoju kompetencji miękkich – obszaru, który ma między innymi znaczenie strategiczne dla budowania wartości niematerialnych i prawnych przedsiębiorstw. Poradniki napisane przez Andrzeja koncentrują się na przekazaniu wiedzy o wartościach i rozwoju osobowości – czynnikach odpowiedzialnych za prowadzenie dobrego życia, bycie spełnionym i szczęśliwym.

Andrzej zdobywał wiedzę z dziedziny budowania wartości firm oraz tworzenia skutecznych strategii przy udziale następujących instytucji: Ernst & Young, Gallup Institute, PricewaterhauseCoopers (PwC) oraz Harward Business Review. Jego kompetencje można przyrównać do pracy **stroiciela instrumentu.**

Kiedy miał 7 lat, mama zabrała go do szkoły muzycznej, aby sprawdzić, czy ma talent. Przeszedł test pozytywnie – okazało się, że może rozpocząć edukację muzyczną. Z różnych powodów to nie nastąpiło. Często jednak w jego książkach czy wykładach można usłyszeć bądź przeczytać przykłady związane ze światem muzyki.

Dlaczego można przyrównać jego kompetencje do pracy stroiciela na przykład fortepianu? Stroiciel udoskonala fortepian, aby jego dźwięk był idealny. Każdy fortepian ma swój określony potencjał mierzony jakością dźwięku – dźwięku, który urzeka i wprowadza ludzi w stan relaksu, a może nawet pozytywnego ukojenia. Podobnie jak stroiciel Andrzej udoskonala różne procesy – szczególnie te, które dotyczą relacji z innymi ludźmi. Wierzy, że ludzie posiadają mechanizm psychologiczny, który można symbolicznie przyrównać do **mentalnego żyroskopu** czy **mentalnego noktowizora**. Rola Andrzeja polega na naprawieniu bądź wprowadzeniu w ruch tych „urządzeń".

Żyroskop jest urządzeniem, które niezależnie od komplikacji pokazuje określony kierunek. Tego typu urządzenie wykorzystywane jest na statkach i w samolotach. Andrzej jest przekonany, że rozwijanie **koncentracji i wyobraźni** prowadzi do włączenia naszego mentalnego żyroskopu. Dzięki temu możemy między innymi znajdować skuteczne rozwiązania skomplikowanych wyzwań.

Noktowizor to wyjątkowe urządzenie, które umożliwia widzenie w ciemności. Jest wykorzystywane przez wojsko, służby wywiadowcze czy myśliwych. Życie Andrzeja ukierunkowane jest na badanie tematu źródeł wewnętrznej motywacji – siły skłaniającej do działania, do przejawiania inicjatywy, do podejmowania wyzwań, do wchodzenia w obszary zupełnie nieznane. Andrzej ma przekonanie, że rozwijanie **poczucia własnej wartości** prowadzi do włączenia naszego mentalnego noktowizora. Bez optymalnego poczucia własnej wartości życie jest ciężarem.

W swojej pracy Andrzej koncentruje się na procesach podnoszących jakość następujących obszarów: właściwe interpretowanie zdarzeń, wyciąganie wniosków z analizy porażek oraz sukcesów, formułowanie właściwych pytań, a także korzystanie z wyobraźni w taki sposób, aby przewidywać swoją przyszłość, co łączy się bezpośrednio z umiejętnością strategicznego myślenia. Umiejętności te pomagają rozumieć mechanizmy wywierania wpływu przez inne osoby i umożliwiają niepoddawanie się wszechobecnej indoktrynacji. Kiedy mentalny noktowizor działa poprawnie, przekazuje w odpowiednim czasie sygnały ostrzegające, że ktoś posługuje się manipulacją, aby osiągnąć swoje cele.

Andrzej posiada również doświadczenie jako prelegent, co związane jest z jego zaangażowaniem w działania społeczne. W ostatnich 30 latach był zapraszany do udziału w różnych szkoleniach i seminariach, zgromadzeniach czy kongresach – w sumie jako mówca wystąpił ponad 700 razy. Jego przemówienia i wykłady znane są z inspirujących przykładów i zachęcających pytań, które mobilizują słuchaczy do działania.

Opinie o książce

Małe dziecko przychodzi na świat bez instrukcji obsługi, o czym boleśnie przekonują się kolejne pokolenia młodych rodziców. A jednak mimo tej pozornej przeszkody ludzkość była i jest w stanie poradzić sobie z tym wyzwaniem. Jak? Młodzi rodzice szybko uczą się – głównie metodą prób i błędów – jak zaspokajać potrzeby swojego dziecka. Rodzicielstwo to ciekawa mieszanka zaufania do własnej intuicji, pomocy bliskich i odwołania do wiedzy ekspertów. To nie stały zestaw umiejętności, które ujawniają się w chwili narodzin dziecka, lecz raczej proces nabywania nowych umiejętności dostosowanych do potrzeb i rozwoju własnych pociech.

Nie inaczej jest w przypadku rozpoznania swoich talentów i wykorzystania ich w codziennym życiu. Nie są to zdolności, jakie nabywa się po przeczytaniu jednej książki lub uczestniczeniu w weekendowych warsztatach, lecz raczej droga, na którą się wchodzi świadomie i którą podąża przez resztę życia. Wybierając się w podróż, zwykle pakujemy ze sobą przewodnik i mapę, dlatego też podczas podróży do własnego wnętrza także warto sięgnąć po jakiś przewodnik. Seria książek autorstwa Andrzeja Moszczyńskiego jest właśnie takim przewodnikiem, zawierającym cenne podpowiedzi oraz techniki odkrywania i wykorzystywania swoich talentów. Autor nie stawia się w pozycji eksperta wiedzącego lepiej, co jest dla nas dobre, lecz raczej doradcy odwołującego się szeroko do filozofii, literatury, współczesnych technik doskonalenia osobowości i własnych doświadczeń. Zdecydowanymi mocnymi stronami tej serii są przykłady z życia ilustrujące prezentowane zagadnienia oraz bogata bibliografia służąca jako punkt do dalszych poszukiwań dla wszystkich zainteresowanych doskonaleniem osobowości. Uważam, że seria ta będzie pomocna dla każdego zainteresowanego świadomym życiem i rozwojem osobistym.

Ania Bogacka
Editorial Consultant and Life Coach

* * *

Na rynku książek wybór poradników jest ogromny, ale wśród tego ogromu istnieją jasne punkty, w oparciu o które można kierować swoim życiem tak, by osiągnąć spełnienie. Samorealizacja jest osiągana poprzez mądrość i świadomość. To samo sprawia, że książki Andrzeja Moszczyńskiego są tak użyteczne i podnoszące na duchu. Dzielenie się mądrością w formie przykładów wielu historycznych postaci oświetla drogę w tej kluczowej podróży. Każda z książek Andrzeja jest kompletna sama w sobie, jednak wszystkie razem stanowią zestaw narzędzi, przy pomocy których każdy z nas może ulepszyć umysł i serce, aby ostatecznie przyjąć proaktywną i współczującą postawę wobec życia. Jako osoba, która badała i edytowała wiele tekstów z filozofii i duchowości, mogę z entuzjazmem polecić tę książkę.

Lawrence E. Payne

Dodatek

Cytaty, które pomagały autorowi napisać tę książkę

Na temat rozwoju

Przeznaczeniem człowieka jest jego charakter.

Heraklit z Efezu

Osobowość kształtuje się nie poprzez piękne słowa, lecz pracą i własnym wysiłkiem.

Albert Einstein

Na temat nastawienia do życia

Jeśli jesteś nieszczęśliwy, to dlatego, że cały czas myślisz raczej o tym, czego nie masz, zamiast koncentrować się na tym, co masz w danej chwili.

Anthony de Mello

W końcu, bracia, wszystko, co jest prawdziwe, co godne, co sprawiedliwe, co czyste, co miłe, co zasługuje na uznanie: jeśli jest jakąś cnotą i czynem chwalebnym – to miejcie na myśli.

List do Filipian 4:8

Na temat szczęścia

Ludzie są na tyle szczęśliwi, na ile sobie pozwolą nimi być.

Abraham Lincoln

Więcej szczęścia jest w dawaniu aniżeli w braniu.

Dz 20:35

Na temat poczucia własnej wartości

Bez Twojego pozwolenia nikt nie może sprawić, że poczujesz się gorszy.

Eleanor Roosevelt

Na temat możliwości człowieka

Nie ma rzeczy niemożliwych, są tylko te trudniejsze do wykonania.

Henry Ford

Gdybyśmy robili wszystkie rzeczy, które jesteśmy w stanie zrobić, wprawilibyśmy się w ogromne zdumienie.

Thomas Edison

Na temat poznawania siebie

Najpierw sami tworzymy własne nawyki, potem nawyki tworzą nas.

John Dryden

Na temat wiary w siebie

Człowiek, który zyska i zachowa władzę nad sobą, dokona rzeczy największych i najtrudniejszych.

Johann Wolfgang von Goethe

Ludzie potrafią, gdy sądzą, że potrafią.

Wergiliusz

Na temat wnikliwości

Prawdę należy mówić tylko temu, kto chce jej słuchać.

Seneka Starszy

Język mądrych jest lekarstwem.

Księga Przysłów 12:18

Na temat wytrwałości

Nic na świecie nie zastąpi wytrwałości. Nie zastąpi jej talent – nie ma nic powszechniejszego niż ludzie utalentowani, którzy nie odnoszą sukcesów. Nie uczyni niczego sam geniusz – nienagradzany geniusz to już prawie przysłowie. Nie uczyni niczego też samo wykształcenie – świat jest pełen ludzi wykształconych, o których zapomniano. Tylko wytrwałość i determinacja są wszechmocne.

John Calvin Coolidge

Możemy zrealizować każde zamierzenie, jeśli potrafimy trwać w nim wystarczająco długo.

Helen Keller

Tak samo, jak pojedynczy krok nie tworzy ścieżki na ziemi, tak pojedyncza myśl nie stworzy ścieżki w Twoim umyśle. Prawdziwa ścieżka powstaje, gdy chodzimy po niej wielokrotnie. Aby stworzyć głęboką ścieżkę mentalną, potrzebne jest wielokrotne powtarzanie myśli, które mają zdominować nasze życie.

Napoleon Bonaparte

Na temat entuzjazmu

Tylko przykład jest zaraźliwy.

> Lope de Vega

Na temat odwagi

Życie albo jest śmiałą przygodą, albo nie jest życiem. Nie lękać się zmian, a w obliczu kapryśności losu zachowywać hart ducha – oto siła nie do pokonania.

> Helen Keller

Silny jest ten, kto potrafi przezwyciężyć swe szkodliwe przyzwyczajenia.

> Benjamin Franklin

Życie jest przygodą dla odważnych albo niczym.

> Helen Keller

Na temat realizmu

Kto z was, chcąc zbudować wieżę, nie usiądzie wpierw i nie obliczy wydatków, czy ma na jej wykończenie.

Ew. Łukasza 14:28

Pesymista szuka przeciwności w każdej okazji, optymista widzi okazje w każdej przeciwności.

Winston Churchill

Dajcie mi odpowiednio długą dźwignię i wystarczająco mocną podporę, a sam poruszę cały glob.

Archimedes

OFERTA WYDAWNICZA
Andrew Moszczynski Group sp. z o.o.

www.ingramcontent.com/pod-product-compliance
Lightning Source LLC
LaVergne TN
LVHW041623070526
838199LV00052B/3229